Sigrid Neumayer

Vertretungsstunden im 1. Schuljahr

Oldenbourg

PRÖGEL KOPIERVORLAGEN 85

Bibliografische Information Der Deutschen Bibliothek
Die Deutsche Bibliothek verzeichnet diese Publikation in der Deutschen Nationalbibliografie; detaillierte bibliografische Daten sind im Internet über <http://dnb.ddb.de> abrufbar.

1. Auflage 2003 R E

Druck 06 05 04 03

Die letzte Zahl bezeichnet das Jahr des Drucks.

Umschlagkonzeption: Mendell & Oberer, München
Umschlaggestaltung: Lutz Siebert-Wendt
Lektorat: Stefanie Fischer
Moderation: Bruno Stieren
Herstellung: Fredi Grosser
Illustrationen: Kristina Klotz, München; Euro-Münzen: Bettina Buresch, Schongau
Satz, Druck und Bindung: Greipel Offset, Haag/Obb.

ISBN 3-486-**96039**-3

Inhaltsverzeichnis

Vorwort ... 3
Hinweise für den Unterricht ... 4

Sachunterricht
Helle Farben schützen ... 5
So ein Wetter! ... 6
Wir lernen die Uhr kennen ... 7
Wir lesen die Stunden ab ... 8
Ich pflege meine Zähne ... 9
Eine Woche hat 7 Tage ... 10
So schnell vergeht ein Tag ... 11
Das brauchen Haustiere ... 12
Beim Autofahren ... 13
Spielen ist schön, aber wo? ... 14
Vorsicht beim Baden ... 15

Lesen
Der Besuch (Lesetext) ... 16
Was ist das? (Rätsel) ... 17
Zahnweh (Lesetext) ... 18
Die Dame von Paris (Gedicht) ... 19
Katzenfreunde (Gedicht) ... 20
Die Bremer Stadtmusikanten (Märchen) ... 21
Unser Hamster Goldi (Labyrinth) ... 22
Tierrätsel ... 23
Annas neuer Ball (Lesetext) ... 24
Eine lustige Autofahrt (Gedicht) ... 25

Schreiben
Wir zählen ... 26
Viele Farben ... 27
So viele Tiere ... 28
Tiernamen-ABC ... 29
In der Natur ... 30
Schule ... 31
Was wir schon gelernt haben ... 32

Lieder und Gestaltungsideen für zwischendurch
Sei willkommen ... 33
Der Schneemann hat Schnupfen ... 34
Ticke-tacke ... 35
Laurentia – das Lied von den Wochentagen ... 36
Das Lied von den Gefühlen ... 37

Mathematik
Jumbo, der Rechenmeister: Übungen bis 9 ... 38
Wer angelt den dicken Fisch? ... 39
Rechenschlange ... 39
Größer oder kleiner? ... 40
Rechenkönige ... 41
Rechenpuzzle ... 42
Kannst du mit Geld umgehen? ... 43
Verschiedene Formen ... 44
Legespiel ... 45
Ein geheimer Treffpunkt ... 46
Sachaufgaben ... 47

Vorwort

Jede Lehrerin, jeder Lehrer kennt die Situation: Sie kommen morgens in die Schule und sind als Vertretung in einer fremden Klasse eingeteilt. Die Zeit ist knapp, Unterlagen für den Unterricht liegen nicht vor. Vor allem in einer ersten Klasse, in der die Kinder noch nicht entsprechend lesen, schreiben und rechnen können, ist die Vertretungssituation besonders schwierig. Dieses Lehrerhandbuch bietet die notwendigen Unterlagen, um in einer ersten Klasse effektiv und stressfrei in Vertretungsstunden unterrichten zu können.
Alle Arbeitsblätter sind ohne aufwändige vorherige Vorbereitung und ohne spezielles zusätzliches Material zu verwenden. Sie umfassen die Lernbereiche Sachunterricht, Lesen, Rechtschreiben und Mathematik, dazu einige Lieder und Gedichte zur Auflockerung des Unterrichts. Alle Themen sind den amtlichen Lehrplänen entnommen. Die Kopiervorlagen behandeln in sich abgeschlossene Themen und sind thematisch aufeinander abgestimmt, sodass neben Einzelstunden auch mehrere Unterrichtseinheiten oder -tage motivierend gestaltet werden können.
Darüber hinaus enthalten sie Aufgaben, die sich für sinnvolle Hausaufgaben und selbstständige Arbeit der Kinder eignen. Unterschiedliche Schwierigkeitsgrade ermöglichen Differenzierung.

Hinweise für den Unterricht

Symbolerklärungen

 Schreiben

 Malen

 Schneiden

 Kleben

1,2,3 Ordnen

 Ankreuzen

 Hilfe

 Sprechen

Die Arbeitsanweisungen sind auf den Arbeitsblättern schriftlich formuliert.
Zusätzliche Symbolkärtchen erleichtern den Kindern das selbstständige Arbeiten.

Hinweise zu einzelnen Aufgaben

Lesen

S. 17 Was ist das? Lösung: Die Uhr

S. 22 Unser Hamster Goldi: Der Weg ist leichter zu finden, wenn man beim Futter des Hamsters beginnt.

S. 23 Tierrätsel: Es hat sich bewährt, zuerst ähnliche Rätsel mündlich mit den Kindern zu lösen.

S. 25 Eine lustige Autofahrt: Es empfiehlt sich, zuerst gemeinsam mit den Kindern aus den Buchstaben von Autokennzeichen Sätze zu bilden.

Lieder und Gestaltungsideen für zwischendurch

S. 33 Sei willkommen: Mit Rhythmusinstrumenten können wir zusätzlich das Lied begleiten.

Triangel

Handtrommel

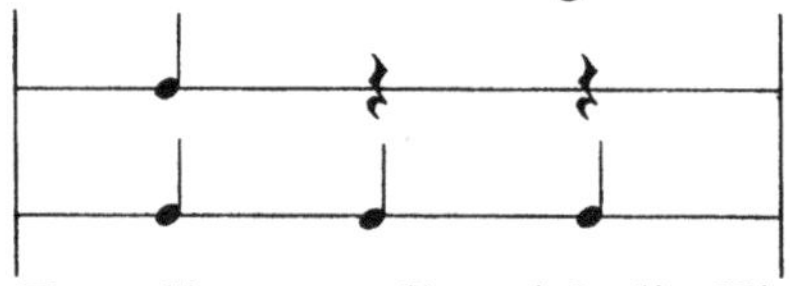

8 x

S. 36 Laurentia: Zum Singen stellen sich die Kinder im Kreis auf. Beim Wort „Laurentia" und bei den Wochentagen gehen die Kinder in die Hocke.

Mathematik

S. 39 Lösung Rechenschlange:

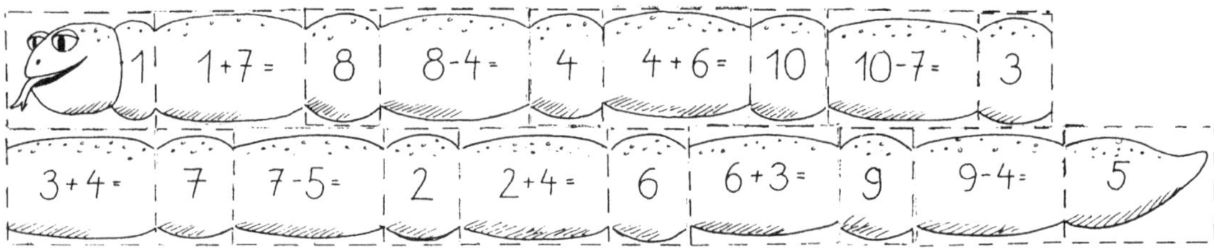

S. 42 Lösungsbild Rechenpuzzle:

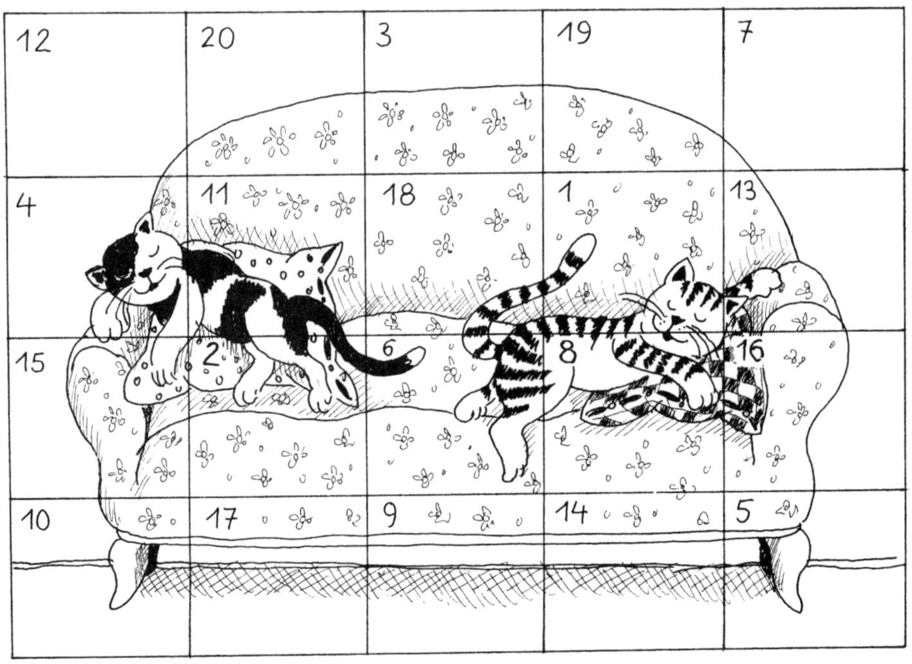

S. 46 Lösung „Ein geheimer Treffpunkt":
AM DIENSTAG ABEND BEI SABINE IM GARTEN

Helle Farben schützen

① Es gibt helle und dunkle Farben

Male die Kreise richtig an.

helle Farben **dunkle Farben**

② Helle Farben schützen uns

Nina sieht man gut. Dominik sieht man schlecht.

Male die Kinder in den passenden Farben an.

③ Das sieht man gut

Sprich darüber.

So ein Wetter!

Ob es regnet oder schneit,
ob es kalt ist oder heiß,
uns kann das Wetter nichts anhaben.

① Da fehlt doch etwas!

Male dazu, wo es regnet, wo es schneit, wo die Sonne scheint.

② Was ziehst du an?

Schneide die Bilder unten aus und klebe sie richtig ein.

Es schneit.	

Die Sonne scheint.	

Es regnet.	

③ Was ist denn hier passiert?

Male das falsche Kleidungsstück an.

Wir lernen die Uhr kennen

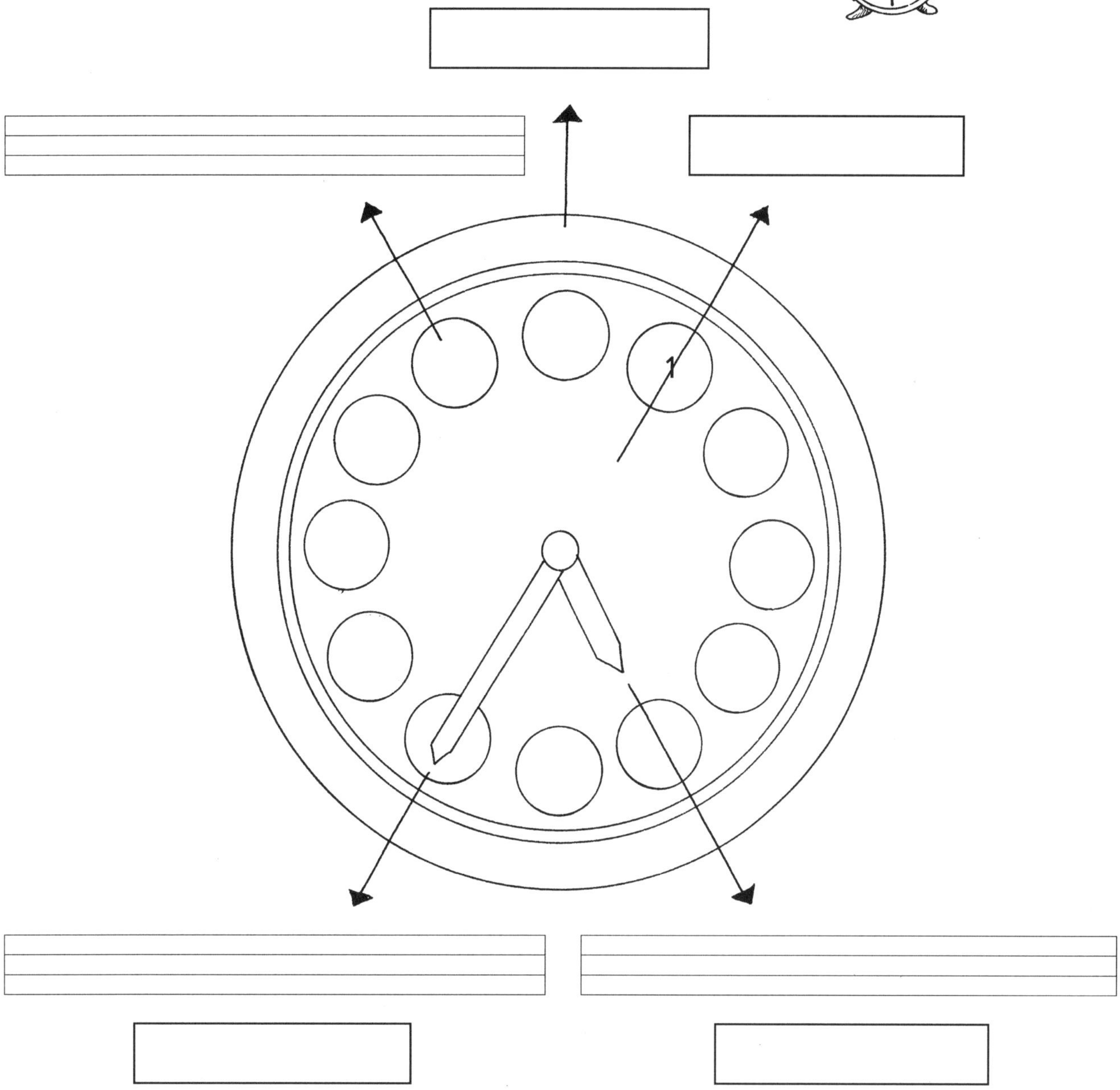

① Trage die Ziffern richtig ein.

② Schreibe die Wörter in die Zeilen.

großer Zeiger	kleiner Zeiger	Ziffern

③ Schneide die Wörter aus und klebe sie an die richtige Stelle.

Stundenzeiger	Minutenzeiger	Gehäuse	Zifferblatt

Wir lesen die Stunden ab

① **Hier fehlt etwas**

Trage die Ziffern und die Zeiger ein.

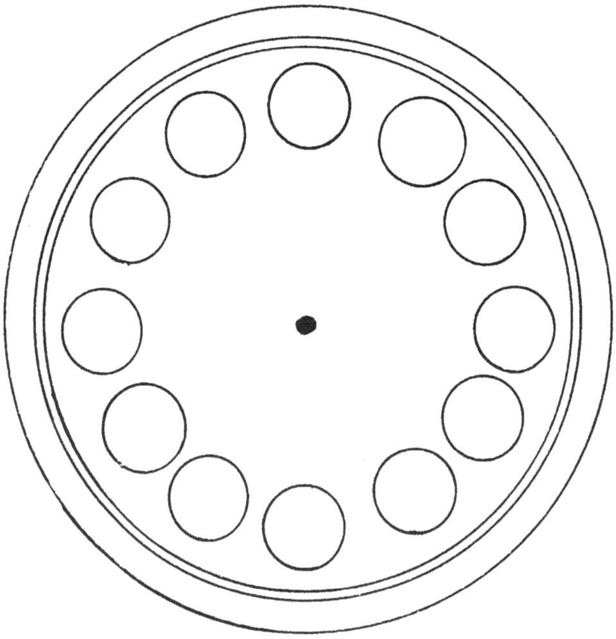

② **Wie spät ist es?**

Schreibe die richtigen Uhrzeiten auf.

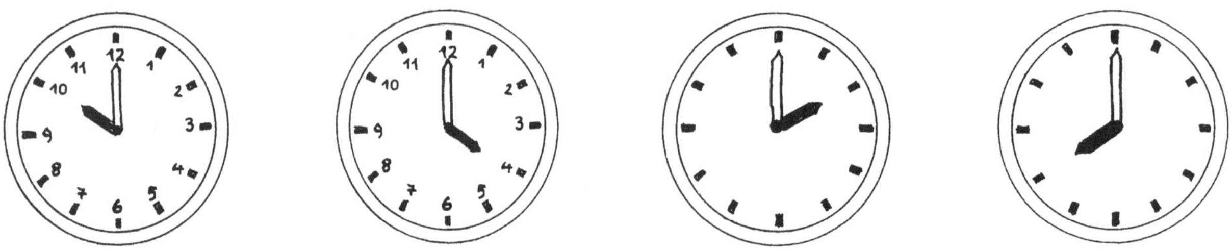

Uhr

③ **Du kannst helfen**

Male den Stundenzeiger blau, den Minutenzeiger grün.

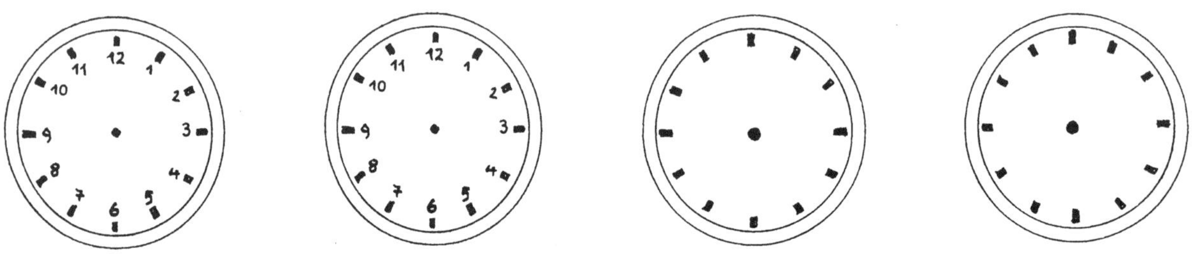

9 Uhr | 7 Uhr | 11 Uhr | 5 Uhr

Ich pflege meine Zähne

① Was brauche ich zum Zähneputzen?

Trage die Wörter richtig ein.

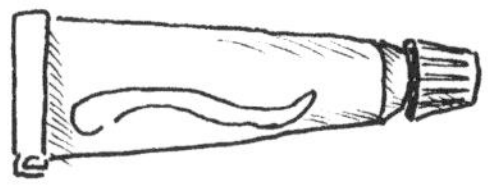

② Wie putze ich meine Zähne richtig?

Schneide die Wörter aus und klebe sie ein.

Ich gebe ______ auf die Zahnbürste.

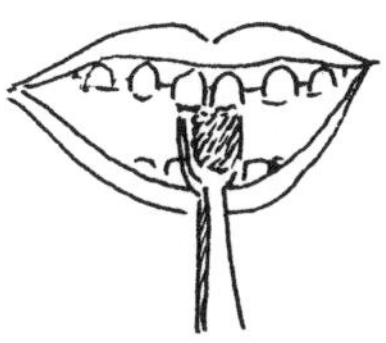

Ich putze ______ nach unten

und ______ nach oben.

Ich ______ den Mund kräftig aus.

③ Was ist schlecht für die Zähne?

Male die Dinge in die Kreise.

Schokolade

Lutscher

?

Nach dem Essen:
Zähne putzen nicht vergessen

von oben	von unten	Zahnpasta	spüle

Eine Woche hat 7 Tage

① Trage die Namen der Wochentage ein.

② Male zu jedem Tag ein besonderes Ereignis.

③ Kennzeichne das Wochenende farbig.

④ Erzähle, was du am Sonntag gemacht hast.

⑤ Trage ein.

Heute ist ______________________.

Morgen ist ______________________.

Gestern war ______________________.

So schnell vergeht ein Tag

① **Mein Tagesablauf**

Schneide die Bilder aus, ordne sie und klebe sie ein.

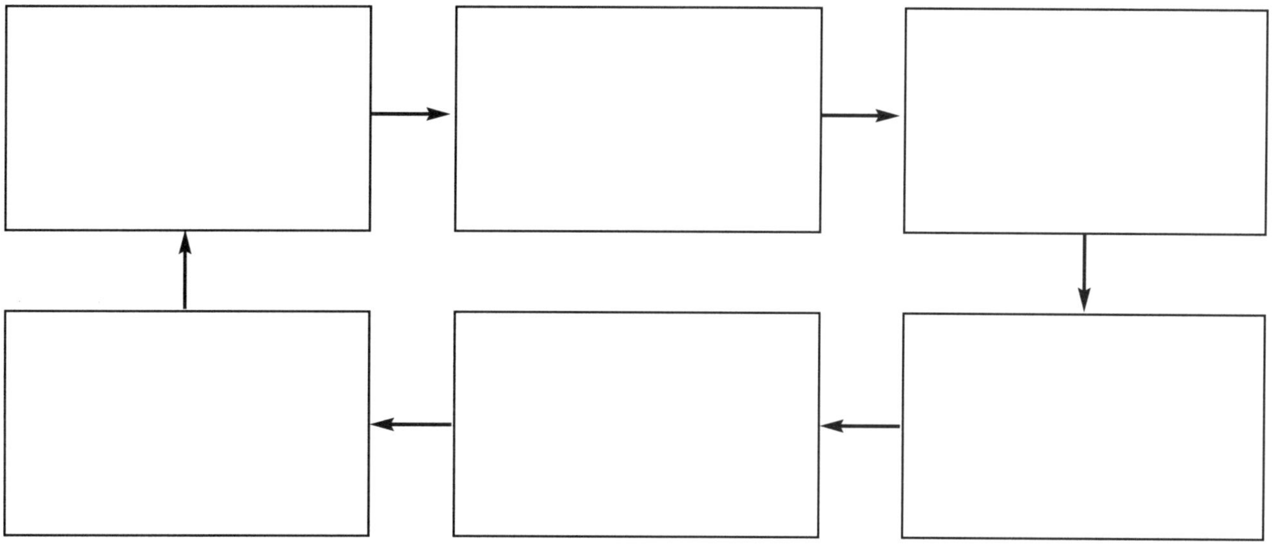

② **So vergeht der Tag**

Ordne die Sätze richtig. Trage die Ziffern ein.

◯ Ich schlafe.

◯ Ich mache die Hausaufgaben.

◯ Ich esse zu Mittag.

◯ Ich stehe auf.

◯ Ich lerne in der Schule.

◯ Ich spiele am Nachmittag.

Das brauchen Haustiere

① Es gibt verschiedene Haustiere

Trage die Wörter richtig ein. Die Kästchen unten helfen dir.

①

⑥

②

⑤

③

④

② Haustiere brauchen eine Wohnung

1,2,3 Ordne richtig zu. Nimm dazu die Ziffern von Aufgabe ①.

5

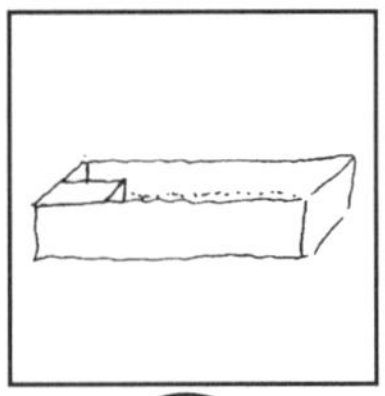

③ Haustiere brauchen Nahrung

1,2,3 Trage die richtigen Ziffern ein. Nimm auch hier die Ziffern von Aufgabe ①.

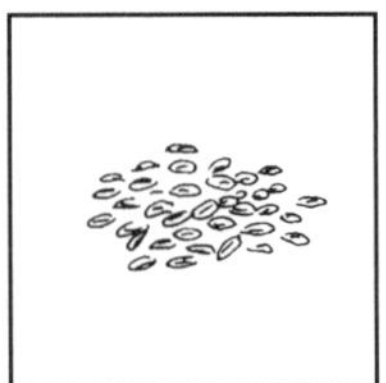

---

①	Schildkröte	Hamster	Hund	Katze	Vogel	Fisch

Beim Autofahren

① **Das ist mein Platz**

Zwei Bilder sind falsch. Streiche sie durch.
Trage die fehlenden Wörter ein. Die Kästchen unten helfen dir.

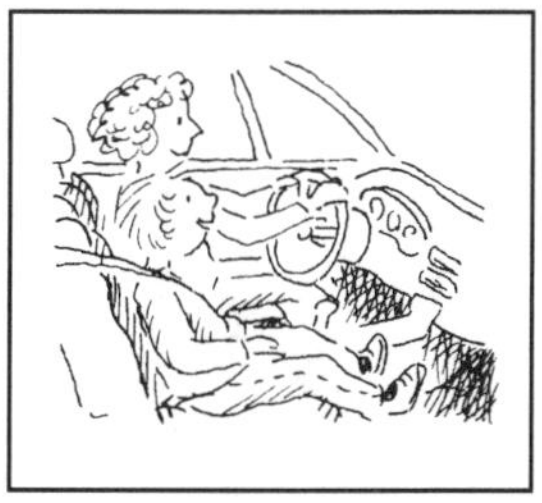

Ich sitze immer ______

______ .

Ich ______

mich an.

② **Ich passe auf**

Ergänze den Satz. Das Kästchen unten hilft dir.

Ich steige nur zum ______ hin aus.

③ **Im Auto kann ich spielen**

Streiche die falschen Bilder durch.

Überlege dir selbst ein Spiel und male es dazu.

① | schnalle | hinten |

② | Gehweg |

Spielen ist schön, aber wo?

① **Wo können wir überall spielen?**

Ergänze die Sätze. Die Wörter unten helfen dir.
Du kannst selber wählen, wo du spielen möchtest.

Mit dem Ball spiele ich

____________________________.

Fangen spiele ich

____________________________.

Mit dem Gameboy spiele ich

____________________________.

Mit dem Fahrrad fahre ich

____________________________.

Die Straße ist kein Spielplatz

auf dem Spielplatz / im Park / auf der Wiese / im Zimmer / im Garten /
im Wald / im Hof / auf dem Gehweg / im Haus

Vorsicht beim Baden

① Woraus müssen wir achten?

Schneide die Texte und Bilder aus und klebe sie richtig ein.
Vorsicht, ein Bild fehlt. Male es selbst dazu.

Bade nicht mit vollem Magen.

Rufe nicht aus Spaß um Hilfe.

Springe nicht erhitzt ins Wasser.

② Was sagst du dazu?

- Jonas kommt aus dem See. Er hat ganz blaue Lippen.
- Anna kann nicht schwimmen. Deshalb paddelt sie mit der Luftmatratze auf den See.
- Markus und Stefan rudern mit dem Boot hinaus.
- Familie Berger geht nach Hause. Die Abfälle bleiben liegen.
- Lisa schwimmt am liebsten alleine über den See.
- Thomas wirft eine Flasche ins Wasser.

Nichtschwimmer HALT!

Schwimme nicht unter Sprungbrettern.

Trockne dich nach dem Baden ab.

Der Besuch

Am Montag wird Lisa sieben Jahre alt. Oma und Opa kommen zu Besuch. Sie fahren mit dem Zug. Wir warten um vier Uhr am Bahnhof. Aber sie kommen nicht. Es wird fünf Uhr. Endlich kommt der Zug. Da steigen sie aus. Was haben sie wohl mitgebracht?

① Lies die Geschichte genau durch.

② Welche Sätze findest du in der Geschichte? ☒ Kreuze sie an.

◯ Am Dienstag wird Lisa sieben Jahre alt.

◯ Am Montag wird Lisa sieben Jahre alt.

◯ Endlich kommt die Bahn.

◯ Endlich kommt der Zug.

◯ Da steigen sie aus.

◯ Nun steigen sie aus.

③ Schreibe die richtige Antwort in die Zeile.

Wie heißt das Kind? ______

Wer kommt zu Besuch? ______

Wie alt wird das Mädchen? ______

Ab wann warten sie? ______

④ Oma und Opa bringen ein Geschenk mit. Zeichne in das Kästchen, was du gerne haben würdest.

Was ist das?

1 Es kann groß sein, aber auch klein.
2 Zu Hause findest du es nicht nur ein Mal.
3 Auch in der Schule kannst du es sehen.
4 Wenn du ganz leise bist, kannst du es hören.
5 Es kann gehen und laufen.
6 Es darf nicht still stehen.
7 Es hat ein Blatt, ist aber kein Baum.
8 Jan braucht es am Morgen zum Aufstehen.

Es ist ______________________.

① 1,2,3 Ordne die Bilder richtig den Zeilen des Rätsels zu.

 7

 ◯

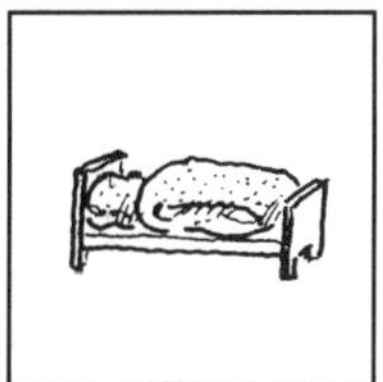 ◯

 ◯

 ◯

 ◯

② Antworte richtig.

Wann braucht es Jan?	◯ am Abend
	◯ am Morgen
Wo findest du es?	◯ im Garten
	◯ in der Schule

③ Schreibe das richtige Wort in die Zeilen.

Es kann groß sein und auch ______________________.

Es kann gehen und ______________________.

Es hat ein ______________________.

Zahnweh

Martin tut der linke Backenzahn weh.
„Ich weiß, woher das kommt",
sagt der Vater.
„Du isst zu viele Bonbons."
„Ach, Papa, das kann nicht stimmen.
Ich esse doch mit allen Zähnen,
aber nur einer tut weh!"

Schreibe die richtigen Antworten in die Zeilen.

1. Wie heißt der Junge?
2. Mit wem spricht der Junge?
3. Wie viele Zähne tun dem Jungen weh?
4. Was isst der Junge besonders gern?

Wenn man nach dem Zähneputzen,
abends noch was Süßes isst,
hat das Putzen wenig Nutzen,
weil das Süße Löcher frisst.

Die Dame von Paris

Es war mal eine Dame,
die lebte in Paris,

wo sie sich alle Tage
die Haare färben ließ.

Am Sonntag war sie rötlich,
am Montag braun wie Tee,

am Dienstag schwarz wie Kohle,
am Mittwoch weiß wie Schnee.

So lila wie der Flieder
war sie am Donnerstag,

am Freitag trug sie hellgelb,
rotbraun am nächsten Tag.

In ihrem Bett das Kissen
war von der Färberei,

man hält es nicht für möglich,
bunt wie ein Osterei.

Sonntag	
Montag	
Dienstag	
Mittwoch	
Donnerstag	
Freitag	
Samstag	
	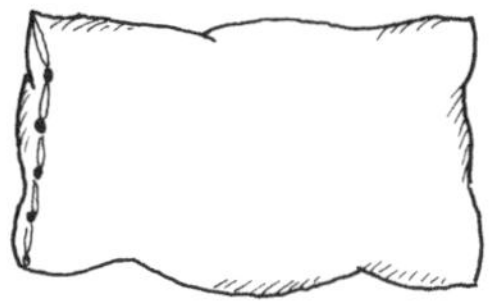

① Suche alle Wörter für Farben. Kreise sie in der entsprechenden Farbe ein.

② Suche die Wörter für die Wochentage und unterstreiche sie mit dem Bleistift.

③ Male der Dame für jeden Tag die richtigen Haare.

④ Ein Wochentag fehlt in dem Gedicht. Schreibe ihn auf.

Katzenfreunde

1 Mit den Krallen bringen Katzen,
wie man immer wieder hört,
jeden Luftballon zum Platzen,
was die meisten Hunde stört.

2 Drinnen, draußen, überall
spielen Katzen mit dem Ball.
Auch berichtet man von vielen,
die mit Mäusen Fangen spielen.

3 Mit Vergnügen schlafen Katzen
neuerdings auf Luftmatratzen.
Doch am liebsten, wie wir wissen,
schlafen sie auf Sofakissen.

4 Viele Katzen singen laut,
wenn der Mond vom Himmel schaut.
Ihr Gesang wird auch von Hunden
als besonders schön empfunden.

Gedicht „Katzenfreunde" von Frantz Wittkamp
aus: Der bunte Hund. Magazin für Kinder in den besten Jahren.
Beltz Verlag, Weinheim

① 1,2,3 Ordne die Wörter und die Bilder der passenden Textstelle zu.
Schreibe die richtige Ziffer in die Kreise.

 ○ 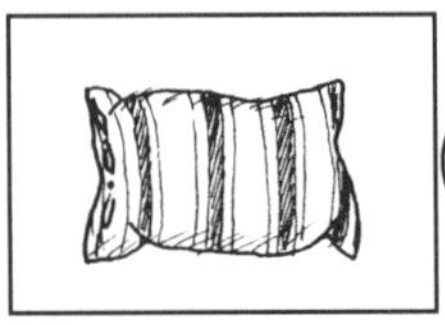 ○  ○  ○

Krallen ○ Mond ○ Mäuse ○ Sofakissen ○

② Suche Reimwörter und verbinde sie.

hört	wissen	vielen	laut	Ball	Katzen
Kissen	spielen	schaut	stört	Matratzen	überall

③ Male zu jedem Abschnitt ein passendes Bild.

Die Bremer Stadtmusikanten

Ein Esel und ein Hund wurden aus dem Haus gejagt, weil sie schon so alt waren. Sie trafen eine Katze und einen Hahn. Die vier Tiere beschlossen, in Bremen Stadtmusikanten zu werden.
Auf dem Weg nach Bremen kamen sie in einem Wald an einem Haus vorbei. Im Haus brannte Licht. Einige Männer, es waren Räuber, saßen an einem Tisch zusammen. Weil die Tiere Hunger hatten, wollten sie in das Haus hinein.
Sie kletterten aufeinander und schrien so laut sie konnten. Da liefen die Räuber vor Schreck davon. Die Tiere stürmten in das Haus, fraßen sich satt und legten sich schlafen.
In der Nacht schickte der Räuberhauptmann einen Räuber zum Haus zurück.

① Weißt du, wie das Märchen weitergeht?

Erzähle es.

② Kreuze die richtigen Antworten an.

Welche Tiere trafen sich?
- ○ Esel – Hund – Katze – Vogel
- ○ Hund – Katze – Hahn – Pferd
- ○ Hund – Katze – Esel – Hahn

Wo stand das Räuberhaus?
- ○ An der Straße
- ○ Auf der Wiese
- ○ Im Wald

Warum wurden Esel und Hund verjagt?
- ○ Weil sie zuviel fraßen
- ○ Weil sie nicht gehorchten
- ○ Weil sie so alt waren

③ Setze die fehlenden Wörter ein.

Im Räuberhaus brannte ____________________ .

Die Tiere schrien ____________________ .

Die Tiere legten sich ____________________ .

Die Räuber ____________________ davon.

Unser Hamster Goldi

Goldi hat viele Tage lang auf dem Feld Körner gesammelt. Er hat sie alle in seine Vorratskammer getragen. Auch an kalten Tagen möchte er keinen Hunger leiden.

Zu seiner Vorratskammer hat er viele verschiedene Gänge gegraben. Unerwünschte Gäste sollen sein Lager nicht finden. Aber nun ist er ratlos. Er weiß selber nicht mehr, welchen der Eingänge er nehmen muss. Nur ein Eingang führt zum Ziel.

Kannst du ihm helfen?

Versuche zuerst mit dem Finger, dann mit dem Bleistift den richtigen Eingang zu finden.
Wenn du ihn gefunden hast, zeichne den Weg farbig nach.
Viel Glück bei der Suche!

Tierrätsel

Du sollst Tiere erraten.
Decke immer nur eine Zeile auf.
Wie viele Zeilen musst du lesen, bis du das Tier erraten hast?
Schreibe die Lösung in die Zeile und male das richtige Tier in den leeren Kasten.
Die Wörter ganz unten helfen dir beim Schreiben.

Mein Tier
hat ein weiches Fell,
hat einen langen Schwanz,
hat grüne oder gelbe Augen,
kann kratzen und schnurren.

Es ist

Mein Tier
hat ein Fell wie ein Leopard,
hat einen Kopf wie ein Hirsch,
hat Hufe wie ein Rind
und einen sehr langen Hals.

Es ist

Mein Tier
ist klein,
hat einen langen Schwanz,
hat ein graues Fell
und schlüpft in ein Loch.

Es ist

Mein Tier
ist so groß wie ein Pferd,
hat ein graues Fell,
ist störrisch
und schreit ia ia.

Es ist

Mein Tier
hat Federn,
lebt auf dem Bauernhof,
hat einen Kamm
und kann krähen.

Es ist

Mein Tier
ist ein Vogel,
stolziert im Park,
hat besonders schöne Federn
und kann ein Rad schlagen.

Es ist

ein Pfau – eine Katze – ein Hahn – ein Esel – eine Giraffe – eine Maus

Annas neuer Ball

1 Anna kommt nach Hause und weint.
Ihr neuer Ball ist kaputt.
Sie hatte ihn erst zum Geburtstag bekommen.
„Was ist denn passiert?“, fragt die Mutter.

2 „Florian hat geworfen, ich konnte nicht fangen,
der Ball ist mir aus der Hand gerutscht.
Er rollte auf die Straße.
Dann kam ein Lastwagen.“

3 „Wie gut, dass du nicht hinterher gelaufen bist“,
sagt die Mutter.
„Einen neuen Ball können wir wieder kaufen,
eine neue Anna nicht.“

① Ordne die Bilder den passenden Abschnitten zu.

1,2,3

2

○

○

○

○

○

② Kreuze richtig an.

☒

Wer hat geworfen?
○ Anna
○ Florian
○ Mutter

Wohin rollte der Ball?
○ Auf die Straße
○ Auf den Weg
○ In den Garten

Warum weint Anna?
○ Sie hat mit Klaus gestritten.
○ Der neue Ball ist kaputt.
○ Anna hat sich verletzt.

Rollt auf die Straße dir der Ball,
lauf ihm nicht nach, auf keinen Fall!

Eine lustige Autofahrt

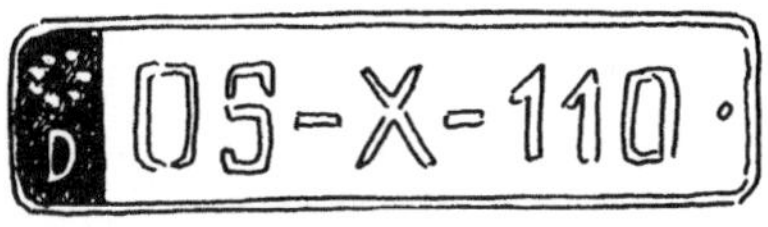

Beim Autofahren kann ich lachen
und viele lustige Spiele machen.

Ich sitze im Auto natürlich hinten
und kann den Nachbarn fröhlich winken.
Ich kann die Kinder am Gehsteig sehen
und auch den Opa beim Rasenmähen.

Mit Autonummern habe ich besonderen Spaß:
M-PS, was heißt denn das?
Mutter **p**utzt **S**alat, könnte es sein,
oder **m**it **P**eter **s**pielen, wäre auch fein.

Immer neue Spiele denke ich mir aus,
doch das Auto hält, schade, wir sind zu Haus.

Autonummern-Rätsel

Male die Kästchen, die zusammengehören, in der gleichen Farbe an.
Denke dir selber noch andere Autonummern-Rätsel aus.

HH – DK
F – TS
DD – IL
N – WE
LU – NL
HL – KK
B – SG
AA – KL
KA – EF

Alle Affen können lachen
Hans holt die Katze
Lisa und Nina lesen
Der Dackel ist lieb
Brot schmeckt gut
Herr Lange kaut Kaugummi
Frank träumt schön
Niemand will es
Klaus angelt einen Fisch

Wir zählen

Eins, zwei, drei, vier, fünf, sechs, sieben,

wo ist unser  geblieben?

① Lies den Vers genau.

② Wie soll das Kind heißen?

③ Diese Wörter sind sehr schwierig. Übe sie genau.

sechs

vier

sieben

④ Du kennst die richtige Würfelzahl. Schreibe sie auf.

⑤ Alles verwischt! Suche die Wörter und schreibe sie auf.

⑥ Kennst du die Ziffern der Uhr?

Viele Farben

rot ○ grün ○ weiß ○ braun ○

blau ○ gelb ○ schwarz ○

① Male die Kreise in der richtigen Farbe an.

② Übe die Wörter eine Zeile lang.

schwarz –

weiß –

gelb –

③ Setze die fehlenden Buchstaben ein.

ge . b, g . ün, . lau, ro .

sch . arz, wei . , b . aun

④ Schreibe die Wörter richtig darunter.

⑤ Schreibe die Sätze fertig.

Der Schnee ist . Das Blatt ist .

Die Sonne ist . Der Himmel ist .

Die Kohle ist . Der Mund ist .

So viele Tiere

Hund – Katze – Vogel – Maus – Ente – Hase – Kuh

① Übe die Wörter eine Zeile lang. Schreibe den Begleiter davor.

Katze –

Vogel –

Hund –

② Schreibe das passende Wort zum Bild.

③ Schreibe diese Tiere mit Begleiter in der Mehrzahl.

④ Schreibe die richtigen Wörter in die Lücken.

Der singt. Die schwimmt.

Die schnurrt. Der bellt.

Der hoppelt. Die ist auf der Wiese,

und die verschwindet im Loch.

Tiernamen-ABC

① Findest du alle Tiere?
Schreibe die Tiernamen auf und fahre die Anfangsbuchstaben farbig nach.

② Ordne diese Tiernamen nach dem ABC. Schreibe in dein Heft.

③ Ordne die Tiernamen nach der Zahl der Silben.

④ Suche Tiernamen mit anderen Anfangsbuchstaben.

In der Natur

Baum – Ast – Blatt – Wald – Wiese –

Gras – Blume – Bach

① Schreibe das richtige Wort zum Bild.

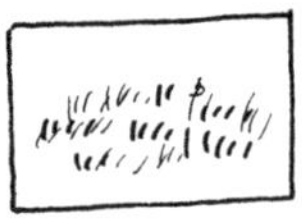

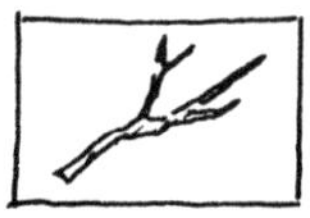

② Hier sind Wörter versteckt. Schreibe sie darunter.

③ Setze die Wörter in der Einzahl und in der Mehrzahl ein.

Schule

hören – reden – sagen – machen

Kind – Buch – Bild

① Schreibe das passende Wort zum Bild.

② Tunwörter verändern sich.
Fülle die Lücken richtig aus. Die Wörter am Rand helfen dir.

Alle ______ . Florian ______ mit.

Alle ______ etwas. Nina ______ nichts.

Alle ______ zu. Marco ______ zu.

Alle ______ Spaß. Lisa ______ mit.

?

reden
redet

sagen
sagt

hören
hört

machen
macht

③ Tunwörter verändern sich. Ein Beispiel ist vorgegeben. Schreibe.

reden: ich rede, du redest, er redet,

wir reden, ihr redet, sie reden

machen:

hören:

Was wir schon gelernt haben

① Findest du die passenden Namen? Schreibe sie auf.

② Kannst du die Lücken füllen?
Zur Kontrolle findest du die Wörter ganz unten.

Mit den  ______ kann ich ______.

Mit den 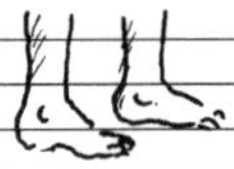 ______ kann ich ______.

Mit dem  ______ kann ich ______.

③ Ergänze den Text. Die Wörter am Rand helfen dir.

In der ______ lerne ich. Ich male ein ______ und ______ ein ______.

Bild Buch lese Schule

④ Suche das Gegenteil und schreibe die Wortpaare in dein Heft.

weiß kurz jung warm groß weich

Mund – Ohren – Beinen – hören – reden – gehen

Sei willkommen

Text und Melodie: Heinz Lemmermann

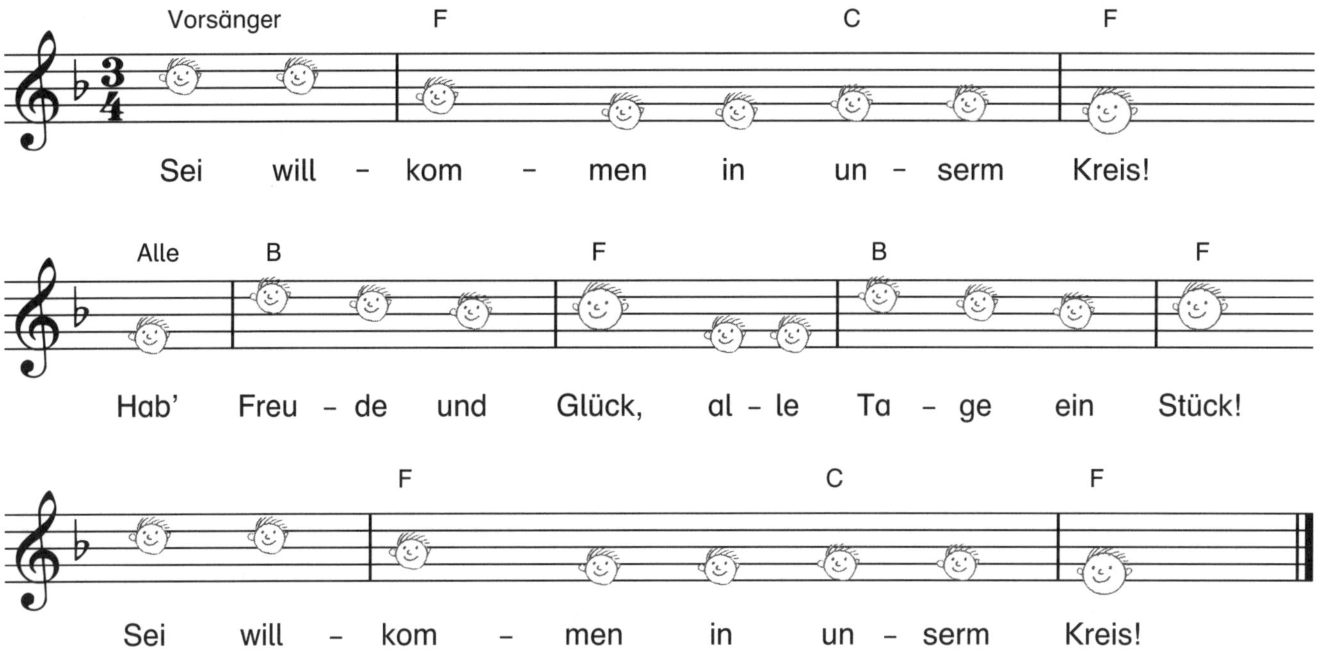

Sei willkommen in unserem Kreis!
aus: Die Zugabe Band 1. Fidula-Verlag Boppard/Rhein und Salzburg

① Die Kinderköpfe zeigen dir, wie du singen musst.

② Singt für andere Kinder:
Dem Thomas viel Glück, alle Tage ein Stück!
Der Nadja …

③ Begleitet das Lied mit Instrumenten.

Der Schneemann hat Schnupfen

Text und Melodie: Christa Zeuch

2. Sie kitzelt den Schneemann
mit wärmendem Licht.
Der Schneemann, der Ärmste,
der mag sowas nicht.

3. Er schwitzt schon und duckt sich
und macht sich ganz klein.
Er weint, denn er möchte
kein Wassermann sein.

4. Was hilft es? Nun taut er,
nun fällt er gleich um.
Die Kinder stehn fröhlich
im Nassen drumrum.

5. Denn Winter kommt wieder,
ein Jahr muss vergehn.
Dann wird doch ein Schneemann,
ein neuer dort stehn.

① Findest du die Reimwörter?
Unterstreiche sie farbig.

② Hier hast du Platz.
Male den neuen Schneemann.

Ticke – tacke

Ein Gedicht zum rhythmischen Sprechen

Gro – ße Uh – ren ge – hen tick – tack tick – tack

▲ ▲ ▲ ▲

Klei – ne Uh – ren ge – hen tick – tack tick – tack tick – tack tick – tack

▲ ▲ ▲ ▲ ▲ ▲ ▲ ▲

und die klei – nen Ta – schen – uh – ren

ti - cke ta - cke ti - cke ta - cke ti - cke ta - cke tick

▲ ▲ ▲ ▲ ▲ ▲ ▲

Gedicht von Karl Karow (1790 – 1863)

① Die Uhren zeigen dir, wie schnell du sprechen sollst.

② Male gleich große Uhren in der gleichen Farbe an.

③ Beim Sprechen kannst du auch klatschen.
Die ▲ zeigen dir die richtige Stelle.

Laurentia, das Lied von den Wochentagen

Text und Melodie: überliefert

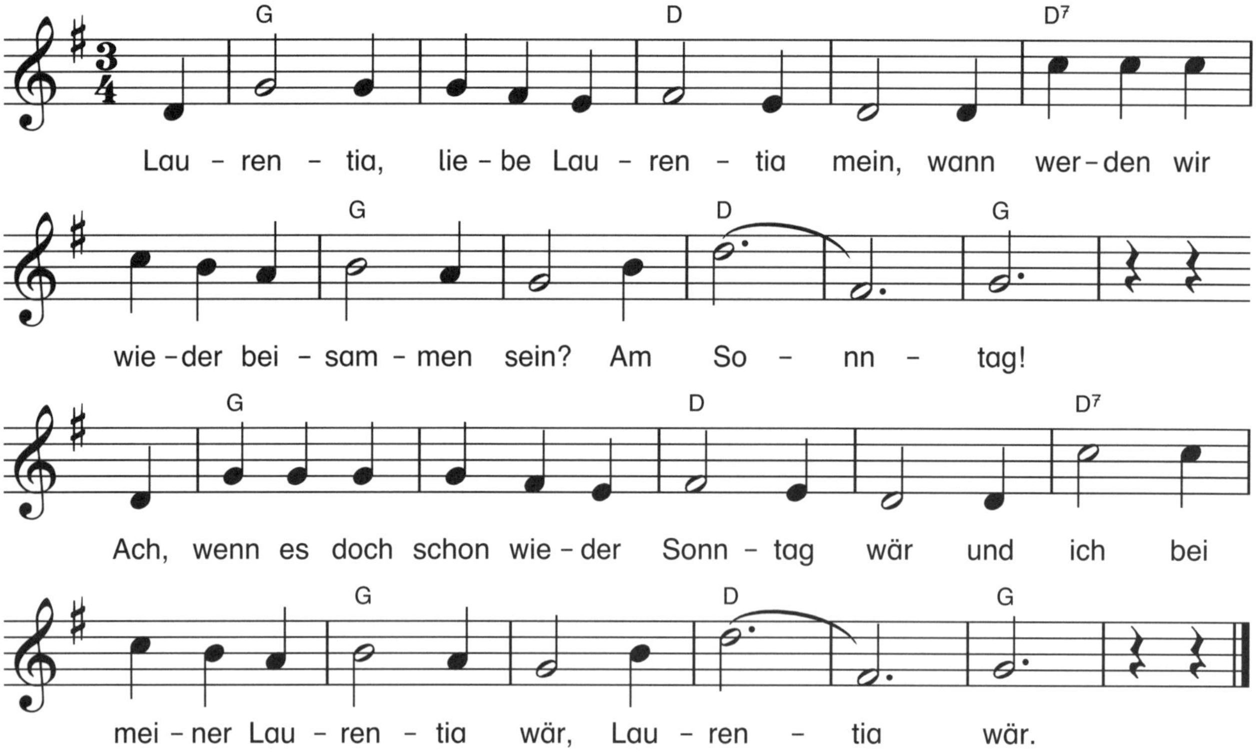

Laurentia, liebe Laurentia mein,
wann werden wir wieder beisammen sein?
... Am Montag ...
Ach, wenn es doch schon wieder **Sonntag,**
Montag wär,
und ich bei meiner Laurentia wär, Laurentia wär.

Laurentia, liebe Laurentia mein,
wann werden wir wieder beisammen sein?
... Am Dienstag ...
Ach, wenn es doch schon wieder **Sonntag,**
Montag,
Dienstag wär,
und ich bei meiner Laurentia wär, Laurentia wär.
usw.

Das Lied von den Gefühlen

T. u. M.: Klaus W. Hoffmann

① Male das passende Tier zur Strophe in den Rahmen.

② Schreibe den richtigen Tiernamen darunter.

❶

❷

❸

❹

❺

❷ Wenn ich wütend bin, sag ich dir,
ja, dann stampf und brüll ich wie ein wilder Stier.
Solche Sachen kommen mir so in den Sinn,
wenn ich wütend bin, wütend bin.

❸ Wenn ich albern bin, fällt mir ein,
ja, dann quiek ich manchmal wie ein kleines Schwein.
Solche Sachen kommen mir so in den Sinn,
wenn ich albern bin, albern bin.

❹ Wenn ich traurig bin, stell dir vor,
ja, dann heul ich wie ein Hofhund vor dem Tor.
Solche Sachen kommen mir so in den Sinn,
wenn ich traurig bin, traurig bin.

❺ Wenn ich fröhlich bin, hör mal zu,
ja, dann pfeif ich wie ein bunter Kakadu.
Solche Sachen kommen mir so in den Sinn,
wenn ich fröhlich bin, fröhlich bin.

Jumbo, der Rechenmeister
Übungen bis 9

① Verbinde richtig.

3	7	4	9	8	5	3	2	6

② Wie heißen die Rechnungen? Schreibe sie auf.

6 + ☐ = ☐

☐ + ☐ = ☐

8 – ☐ = ☐

☐ – ☐ = ☐

③ Setze richtig ein: (>) (<) (=)

8 ◯ 4	9 ◯ 5	8 ◯ 8	4 ◯ 9
3 ◯ 2	8 ◯ 9	4 ◯ 5	5 ◯ 2
1 ◯ 7	7 ◯ 6	6 ◯ 2	6 ◯ 6

④ Löse die Aufgabe und schreibe die Umkehraufgabe dazu.
Die erste Aufgabe hilft dir weiter.

4 + 5 = 9	6 + 2 = ☐	1 + 5 = ☐
9 – 5 = ☐	8 – ☐ = ☐	☐ – ☐ = 1
9 – 2 = 7	7 – 5 = ☐	5 – 4 = ☐
7 + 2 = ☐	2 + ☐ = ☐	☐ + ☐ = ☐

Wer angelt den dicken Fisch?

Male das richtige Kind an.

3 + 1 + 4 = ☐ 9 − 2 − 1 = ☐ 4 + 5 − 2 = ☐ 8 − 4 + 1 = ☐

Rechenschlange

Schneide die Teile aus. Lege Aufgabe und Ergebnis richtig zusammen.
Am Schluss kannst du eine Schlange bilden.

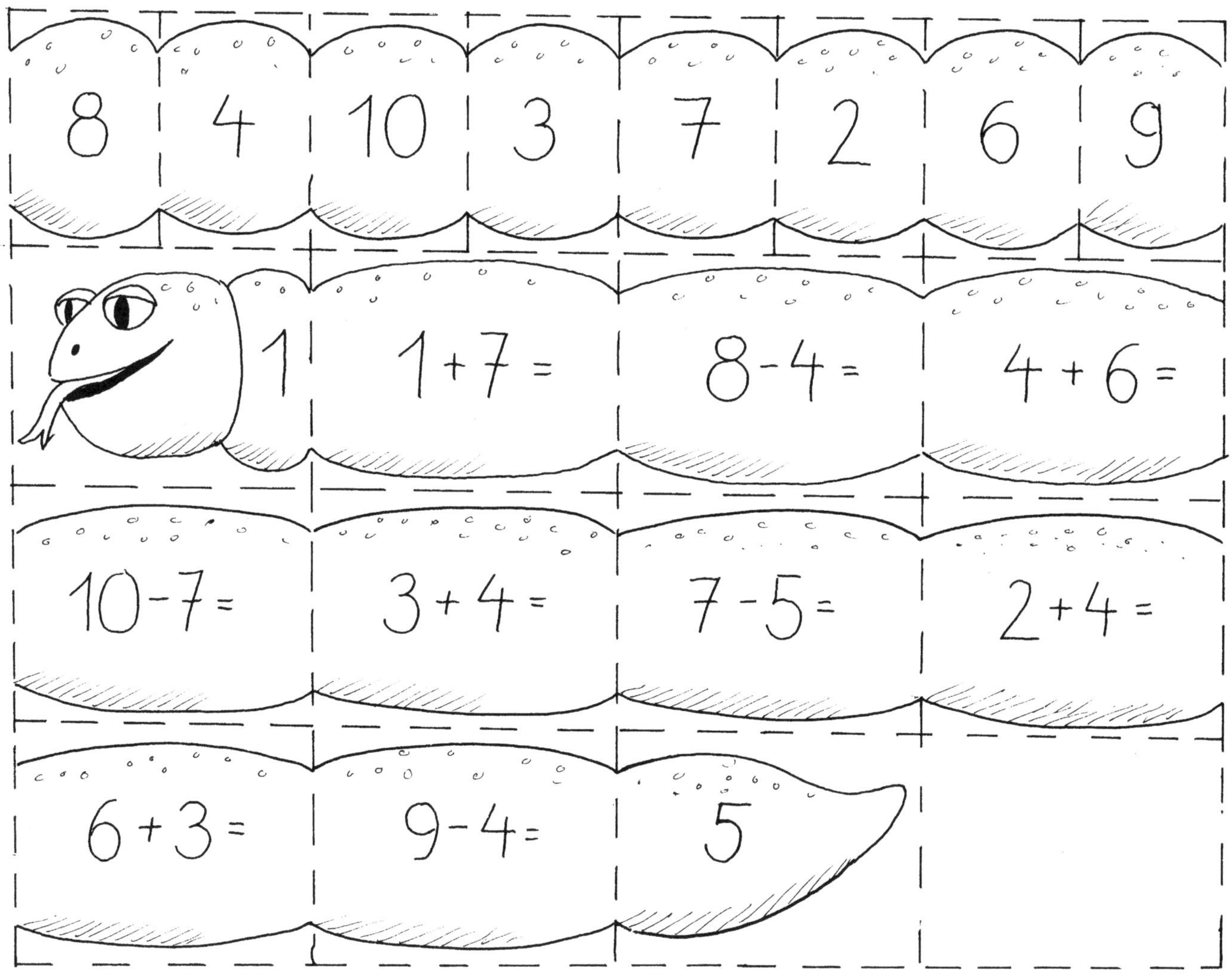

Größer oder kleiner?

Tom ist größer als Tina.

Tina ist kleiner als Tom.

① Trage die Zeichen (>) (<) ein und sprich dazu.

② Vergleiche die Anzahl. Schreibe die richtige Zahl in das Kästchen.
Trage das Zeichen (>) (<) ein.

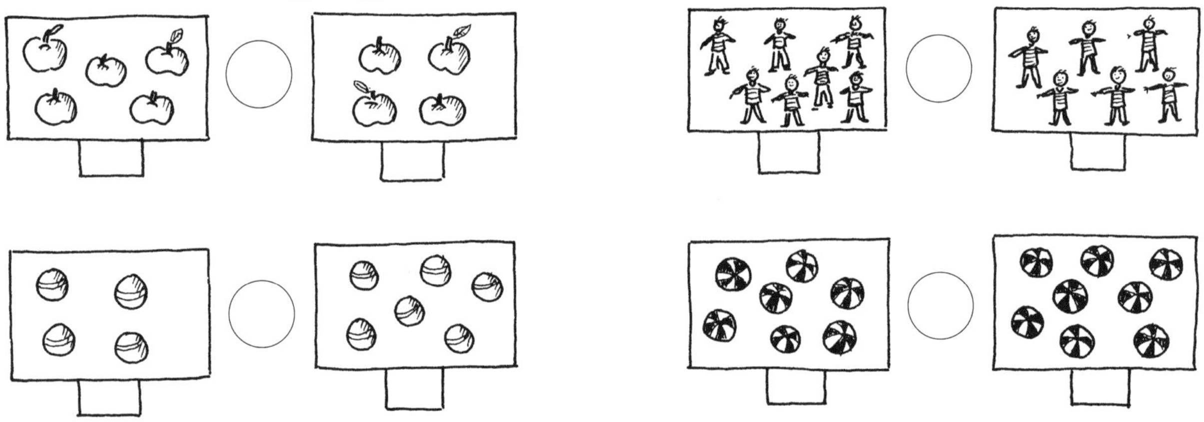

③ Größer oder kleiner? Setze die Zeichen ein.

9 ◯ 7 4 ◯ 3 6 ◯ 5

2 ◯ 3 8 ◯ 7 6 ◯ 9

④ Ordne die Zahlen der Größe nach. Beginne mit der größten Zahl.
Setze dann das richtige Zeichen ein.

4	5	3	7	2	9	6

☐ ◯ ☐ ◯ ☐ ◯ ☐ ◯ ☐ ◯ ☐ ◯ ☐

Rechenkönige

① Rechne flott.

3 + 4 = ☐	6 + 3 = ☐	2 + 6 = ☐
13 + 4 = ☐	16 + 3 = ☐	12 + 6 = ☐
9 − 5 = ☐	8 − 6 = ☐	6 − 5 = ☐
19 − 5 = ☐	18 − 6 = ☐	16 − 5 = ☐

② Rechne und schreibe die Umkehraufgaben dazu.

14 + 5 = 19	12 + 7 = ☐	11 + 5 = ☐
19 − 5 = ☐	☐ − ☐ = ☐	☐ − ☐ = ☐
17 − 3 = 14	14 − 3 = ☐	19 − 2 = ☐
14 + 3 = ☐	☐ + ☐ = ☐	☐ + ☐ = ☐

③ Fülle die Zahlenraupen richtig aus.

④ Erfinde selbst eine Rechenaufgabe.

15 = ☐ − ☐	☐ + ☐ = ☐	☐ − 7 = 12
8 + ☐ = ☐	13 = ☐ + ☐	13 = ☐ − ☐

☐ + ☐ + ☐ = 12	☐ − ☐ − ☐ = 9
17 = ☐ + ☐ − ☐	8 = ☐ + ☐ − ☐

Rechenpuzzle

19 − 7	6 + 14	11 − 8	12 + 7	15 − 8
12 − 8	5 + 6	12 + 6	14 − 13	8 + 5
7 + 8	17 − 15	13 − 7	13 − 5	7 + 9
6 + 4	3 + 14	14 − 5	9 + 5	14 − 9

Schneide die Ergebniskarten aus und lege sie auf die passende Rechnung.

Wenn du richtig gerechnet hast, ergibt sich ein Bild.

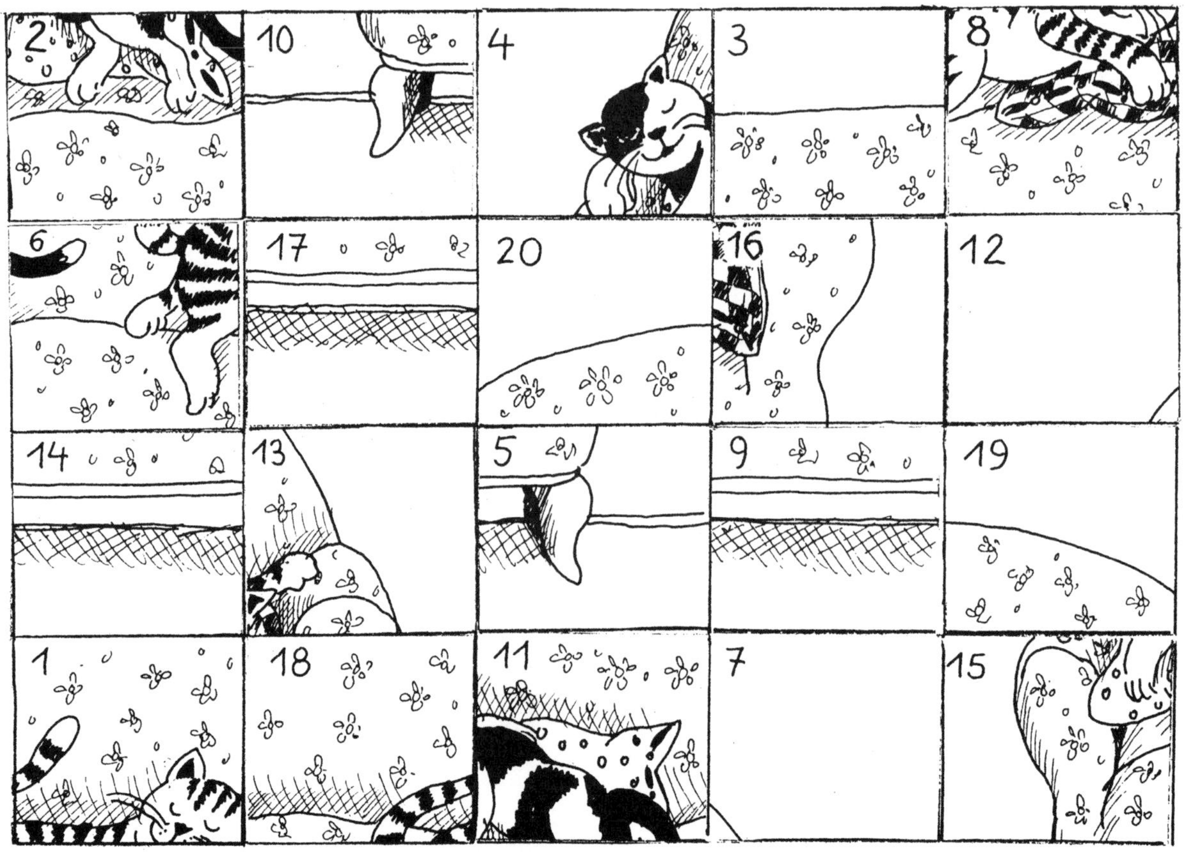

Kannst du mit Geld umgehen?

Unsere kleinsten Münzen sind 1 Cent, 2 Cent, 5 Cent und 10 Cent.

① Wie viele Cent sind das jeweils? Lege mit Spielgeld und trage dann ein.

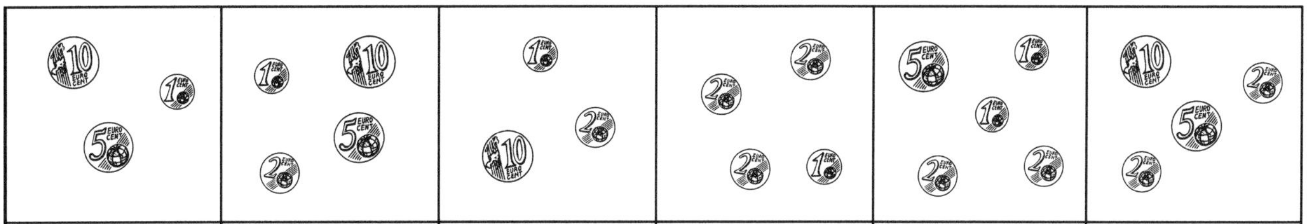

16 ct					

② Immer sollen es 20 ct sein. Trage ein, welche Münzen fehlen.

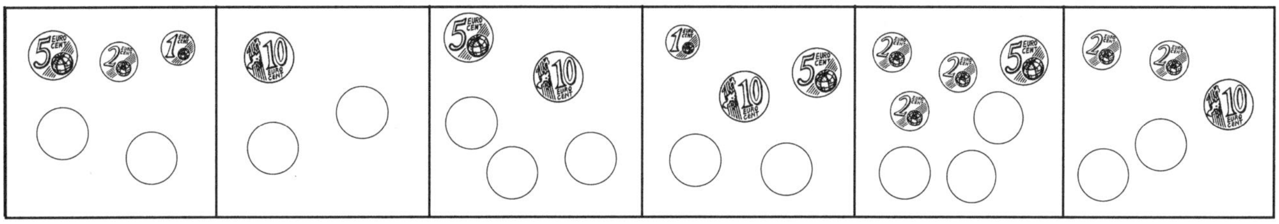

③ Bezahle mit möglichst wenig Münzen. Zeichne und schreibe.

11 ct	 10 ct + 1 ct
15 ct	
13 ct	
18 ct	
8 ct	

12 ct	
14 ct	
19 ct	
10 ct	
7 ct	

④ Kannst du auch rechnen? Wie viel Cent fehlen?

6 ct + ☐ ct = 10 ct
8 ct + ☐ ct = 10 ct
3 ct + ☐ ct = 10 ct
5 ct + ☐ ct = 10 ct
4 ct + ☐ ct = 10 ct

16 ct – ☐ ct = 10 ct
18 ct – ☐ ct = 10 ct
13 ct – ☐ ct = 10 ct
15 ct – ☐ ct = 10 ct
14 ct – ☐ ct = 10 ct

Verschiedene Formen

① **Rechteck – Dreieck – Quadrat**

Schreibe die Begriffe an die richtige Stelle.

② **Schau dir das Haus genau an.**

Male alle Quadrate blau, alle Dreiecke rot, alle Rechtecke gelb an.

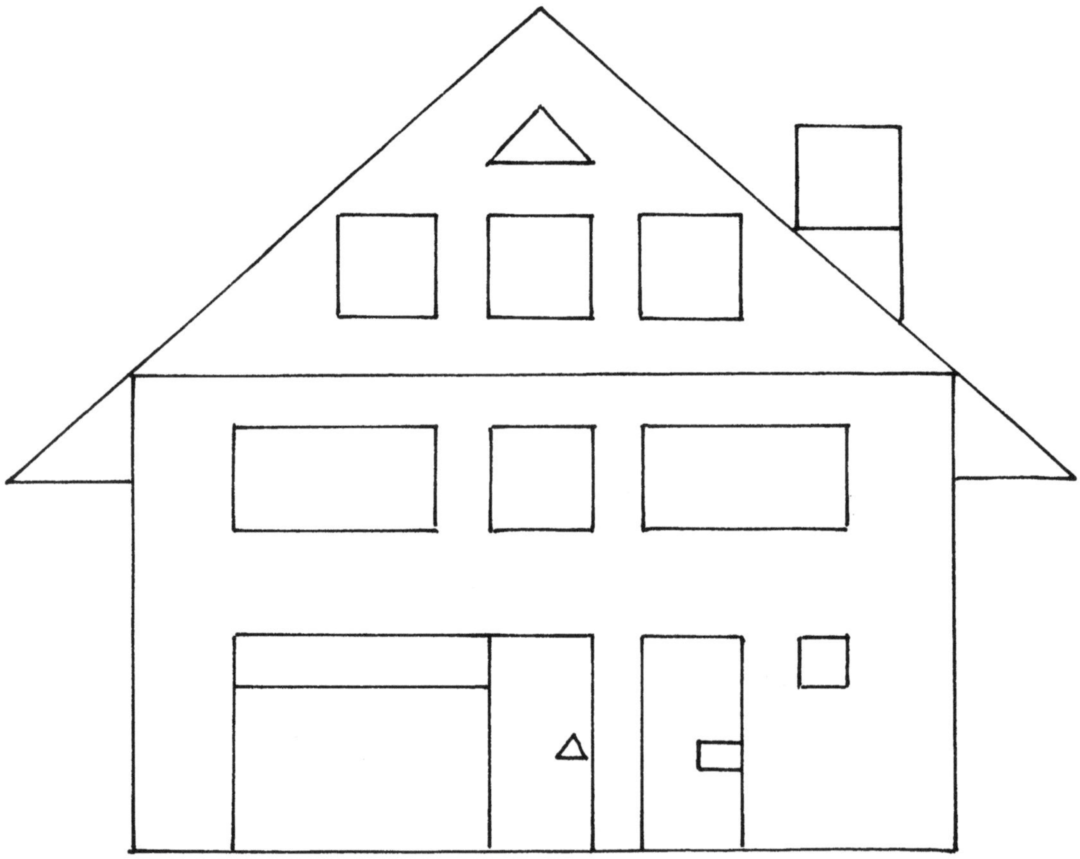

Wenn du alles richtig gemacht hast, sind es 6 Quadrate, 6 Dreiecke, 8 Rechtecke.
Überprüfe.

Legespiel

Male alle Quadrate blau, alle Dreiecke rot, alle Rechtecke gelb an.

Schneide dann alle Formen aus.

Nun kannst du selbst ganz verschiedene Bilder legen.

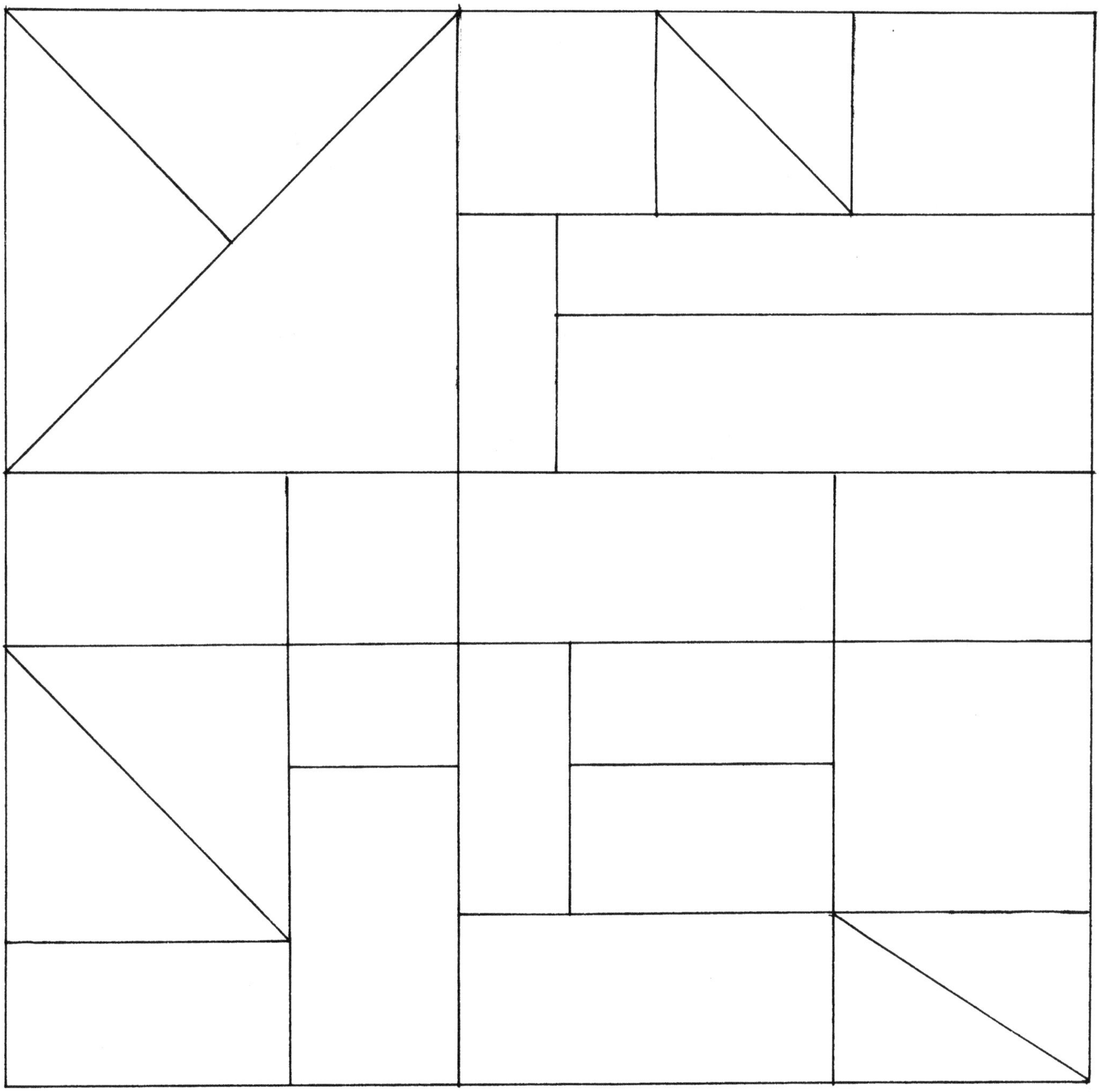

Ein geheimer Treffpunkt

Zu jeder Zahl gehört ein Buchstabe.

Wenn du richtig rechnest, kannst du die Botschaft lesen.

10	11	12	13	14	15	16	17	18	19	20
R	I	A	S	T	M	E	D	G	N	B

16 − 4 = ___
18 − 3 = ___
12 + 5 = ___
19 − 8 = ___
11 + 5 = ___

13 + 6 = ___
17 − 4 = ___
18 − 4 = ___
19 − 7 = ___
12 + 6 = ___

15 − 3 = ___
11 + 9 = ___
20 − 4 = ___
16 + 3 = ___
13 + 4 = ___

13 + 7 = ___
12 + 4 = ___
16 − 5 = ___
19 − 6 = ___
17 − 5 = ___
16 + 4 = ___

17 − 6 = ___
14 + 5 = ___
13 + 3 = ___
15 − 4 = ___
17 − 2 = ___
13 + 5 = ___

18 − 6 = ___
19 − 9 = ___
11 + 3 = ___
19 − 3 = ___
15 + 4 = ___

Sachaufgaben

① Heute sind die Kinder der Kindergruppe „Wichtel“ beim Baden.
3 Kinder schwimmen, 4 Kinder sitzen in der Sonne und 5 Kinder spielen unter dem Baum.

1. Ich frage:

2. Ich zeichne:

3. Ich rechne:

4. Ich antworte:

② Wir feiern Geburtstag. 14 Kinder sind auf dem Fest.
5 Kinder sitzen am Tisch, 3 Kinder stehen auf der Wiese. Sie müssen suchen.
Die anderen Kinder haben sich versteckt.

1. Ich frage:

2. Ich zeichne:

3. Ich rechne:

4. Ich antworte: